LES
DROITS D'USAGE

Par P.-N.-Rose DOLLET.

Fais ce que dois,
Advienne que pourra.

WASSY

TYPOGRAPHIE ET LITHOGRAPHIE DE J. GUILLEMIN

1877

LES

DROITS D'USAGE

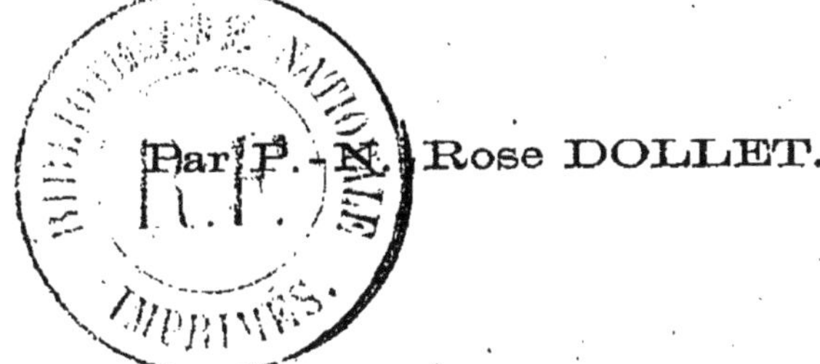

Par P.-N. Rose DOLLET.

Fais ce que dois,
Advienne que pourra.

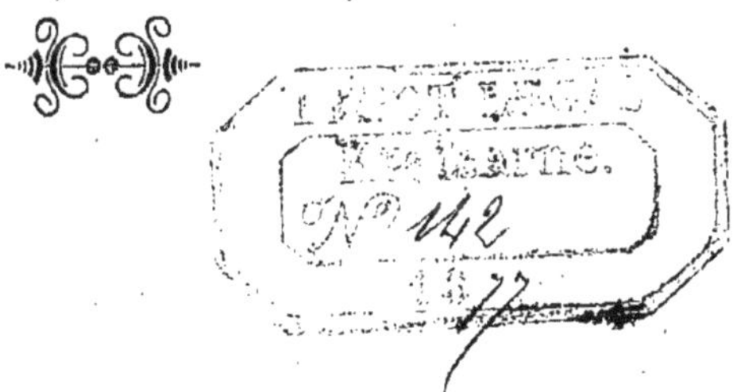

WASSY

TYPOGRAPHIE ET LITHOGRAPHIE DE J. GUILLEMIN

—

1877

LES DROITS D'USAGE.

PREMIÈRE PARTIE.

Ces droits, consacrés par le temps, sont tellement anciens, que nul ne peut dire quelle en est l'origine. En effet, il n'existe aucun titre primitif dans les archives de la ville; aussi furent-ils plusieurs fois attaqués, contestés, et cependant toujours transmis à travers les générations suivantes jusqu'à nous.

Voici comment s'exprime, à ce sujet, le jugement rendu par la cour de Dijon du 9 août 1867 dont nous parlerons plus bas :

« Considérant que si la commune de Wassy ne peut « représenter *ses titres originaires*, elle se prévaut d'un « arrêt du parlement de Paris du 23 août 1624, rendu « en vertu de *ses titres*, et en ordonnant l'exécution, en « ce qui concerne les droits d'usage qu'elle réclame « aujourd'hui. Que cet arrêt, renfermant une sentence « de la maîtrise des eaux et forêts de Wassy et statuant « sur la *demande* en *règlement* des habitants de cette « commune, ordonne que les habitants de Wassy et « hameau en dépendant jouiront, *suivant* et *conformé-* « *ment* à *leurs titres*, des droits de bois mort et mort

« bois en la forêt de Wassy, comme aussi du panage et
« pâturage pour tous leurs bestiaux, excepté les chèvres,
« pourvu toutefois que le rejet ait atteint l'âge de six
« ans, etc...

On voit que depuis 1624, c'est-à-dire depuis plus de
250 ans, l'arrêt du parlement de Paris est le seul titre
que puisse présenter la ville de Wassy, et que ce titre
a suffi pour la conservation de ses droits. Toutefois
l'article 33, titre 27 de l'ordonnance du mois d'août
1669, a abrogé, dans les forêts domaniales, le droit de
mort bois, et restreint le droit de bois mort en défendant
aux usagers d'*enlever autre que gisant*.

Ces différentes ordonnances prouvent combien les
habitants de Wassy eurent à lutter de tout temps pour
soutenir leurs droits d'usage, dont la jouissance, un
instant compromise, leur fut rendue en 1814.

Quand M. George eut acheté ces forêts, il voulut, lui
aussi, contester ces droits que *quelques-uns* appelaient
illusoires parce que, disaient-ils, on ne pouvait montrer
de *titres;* c'est pourquoi un marché fut bientôt conclu.

Alors M. Rougevin ayant, à force de recherches,
découvert *certains indices de titres*, entreprit de démon-
trer que le prix de 16,000 francs, offert par l'acquéreur
et accepté par le Conseil municipal d'alors, était du
dernier ridicule ; mais voyant devant lui de grands
obstacles, cet homme courageux me pria de lui venir
en aide. Au travail que nous fîmes en commun, j'ajoutai
la pièce suivante, qui servit pour sa part à décider le
commodo et l'*incommodo*, et le peuple, dans son bon
sens, annula cette vente.

Autrefois j'ai connu le travail du village,
Songeant à mon pécule, un peu plus, un peu moins,
Ou courant les forêts, tout joyeux, sans besoins,
J'allais me reposer sous un épais feuillage,
    Le cœur libre de soins.

Je pus comprendre alors que le bois mort des chênes,
Que les brins vermoulus, sous les arbres errants,
Que tant d'autres débris, dédaignés de nos grands,
Sont d'un puissant secours pour soulager les peines
    De l'homme aux derniers rangs.

De ces brins je l'ai vu réchauffer sa famille,
Quand le vent souffle et gronde et pénètre son toit,
Que la neige et la glace, et la faim par surcroît,
Tourmentent ses enfants, triste essaim qui fourmille
    Et grelotte de froid.

Que ne suis-je un Orphée, à la verve féconde,
Aux énergiques sons, aux chants harmonieux,
Pour toucher les échos de ma douleur profonde,
Émouvoir la pitié de la terre et des cieux !

Il n'est plus de futaie ! adieu le doux ombrage !
Adieu ce que mon cœur sentait de saint effroi
Dans nos sombres forêts, aux jours de mon jeune âge,
Où j'aurais dédaigné la fortune d'un roi !

Adieu ce long murmure au sein de la tempête ;
Les sifflements d'orage et les fracas du vent,
Qui du chêne secoue et fait trembler la tête !
Adieu l'ombre qui plaît à mon esprit rêvant !

On ravage nos bois, dès lors plus de feuillée,
Ni débris, ni brins secs sur la terre étendus.
Le pauvre n'aura plus dans sa froide veillée
De quoi se réchauffer, si nos droits sont vendus !

Quels seront ses moyens pour alléger les chaînes
Que fait peser sur lui la dure pauvreté ?
Et moi, poëte obscur, où puis-je avoir des chênes,
Pour aller goûter l'ombre et vivre en liberté !

Le bûcheron, au soir, regagnant sa demeure,
Déjà ne redit plus ses rustiques chansons ;
Il gémit, en songeant que bientôt viendra l'heure
Où la forêt pour lui n'aura plus de moissons !

Il est encore un fait sur lequel chacun glose :
A savoir si le peuple ira, comme autrefois,
Jouir de son pacage et parcourir les bois,
Dans son obscurité pour lui plus douce chose
    Que la splendeur des rois.

Déjà l'hiver s'écoule, et bientôt la nature
Nous rendra le printemps et les tièdes zéphyrs.
Dédaignant du foyer les fleurs et les plaisirs,
Nous irons en plein air jouir de la verdure,
    Objets de nos désirs.

Tout s'agite alentour : l'alouette aux cieux chante ;
De nos prés reverdis s'est enfui l'aquilon ;
Lentement le bœuf trace un pénible sillon ;
Bientôt du rossignol la voix douce et touchante
    Charmera le vallon.

C'est l'heure de conduire aux forêts en pâture
Les troupeaux engourdis par un temps rigoureux.
L'air des bois, quelques fleurs et le *brou* vigoureux,
La ronce, l'herbe tendre, exquise nourriture,
    Les rendront plus joyeux.

Connaissant le pouvoir de la saison naissante,
Et ses heureux effets dans un libre parcours,
Que ne puis-je donner, par mes faibles discours,
A la classe ouvrière, à parler impuissante,
    Un suffisant secours !

J'ai vu, quand je vivais sous le toit des chaumières,
Passer inaperçu, sans gloire, sans honneur,
Le pauvre, et, cependant, plus heureux qu'un seigneur,
Trouver dans son troupeau, parcourant les clairières,
    La source du bonheur.

Le pacage des bois, sa riche Normandie,
Lui donnait la pâture, et l'aidait à payer
Son pain, l'impôt, d'un champ le labour, le loyer !
Privé de ce trésor il faudra qu'il mendie !
    Plus de libre foyer.

Oh ! oui, de ses aïeux cet antique héritage
Faisait régner chez lui la douce liberté !
Donnait des agréments même à sa pauvreté ;
Répandait le bonheur jusqu'au dernier étage
    De la médiocrité !

Unissons-nous de cœur, avant d'être victimes,
Pour défendre des droits transmis par nos aïeux !
Tous ne devons-nous pas en être soucieux ?
Sur des siècles fondés ces droits sont légitimes ;
    Soyons-en glorieux !

O vous qui jouissez des faveurs de ce monde,
Abaissez vos regards sur de moins fortunés !
Comme vous de limon Dieu les a façonnés !
Quels seront les effets de leur douleur profonde,
            Par vous abandonnés.

Fallait-il vivre, hélas, pour voir ces tristes choses?
Nos bois nus, désolés, sans gloire, sans échos,
Sans chênes pour jouir de l'ombre et du repos,
Pour lesquels je fuyais les lilas et les roses,
            Et nos joyeux enclos !

On trompe impunément tant de pauvres familles,
Lorsqu'on prétend prouver que toujours, autrefois
Nos ancêtres, sans titre, ont joui de ces bois.
Eh quoi ! comme Esaü, pour un plat de lentilles
            Céderions-nous nos droits?

Ah ! si nos descendants sont privés des pacages
Que nos sages aïeux ont su nous ménager,
Ils verront par mes chants, dont ils pourront juger,
Que l'écho protesta des forêts aux bocages,
            A la voix d'un berger !

DEUXIÈME PARTIE

M. le duc de Galliéra succéda à M. George dans l'exploitation abusive de ces forêts ; cet homme, tant de fois millionnaire, crut devoir entreprendre contre la ville de Wassy un procès tendant à faire annuler les droits d'usage ; mais le tribunal de Chaumont nous donna gain de cause, et la cour de Dijon, où M. le duc en avait rappelé, confirma le jugement du tribunal de Chaumont. Des experts furent nommés pour fixer une indemnité réclamée par les usagers, tant du bois mort que du pâturage. Celle pour le bois mort fut fixée, pour sept années de non jouissance, à 2,632 francs, et celle du droit de pâturage, pour cinq années de non jouissance, à 7,650 francs. Depuis cette époque, ces forêts ayant encore changé de maître, une demande fut déposée à la préfecture, dans le but de les affranchir de la servitude qui pèse sur elles. Je fus chargé, avec deux de mes collègues du Conseil municipal, d'examiner l'affaire, et le Conseil, après avoir entendu notre rapport, résolut de ne pas répondre à cette demande, qui tendait à priver l'usager de ses plus précieuses ressources.

Cependant, sur les plaintes réitérées de la classe ouvrière, au sujet des dévastations qui ne cessent d'avoir lieu chaque jour dans ces forêts, je voulus voir par moi-même ce désordre. J'en fis successivement deux rapports, à la suite desquels on intenta un procès, et le tribunal de Wassy nomma trois experts à l'effet de constater les dommages, dont les usagers avaient tant lieu de se plaindre.

Par suite de lenteurs dont j'ignore la cause, les plaintes devenant plus vives, pour me justifier aux yeux des intéressés, je fis la pièce suivante que les usagers connaissent déjà.

> Oui, toujours je murmure,
> J'exprime des regrets,
> Quand je vois sans mesure
> Ravager nos forêts.
> Faut-il que mon grand âge
> Contemple avec douleur
> Tant d'arpens sans feuillage,
> Sans verdure, sans fleur !
>
> Au lieu de nos beaux chênes,
> De nos hêtres touffus,
> De nos glands, de nos faînes,
> Un désordre confus !
> Il n'est plus de bois sombre,
> Ni de taillis épais,
> Où je goûtais à l'ombre
> Et le calme et la paix.
>
> C'était du prolétaire,
> Si modeste en désirs,
> Le salon, le parterre,
> Aux jours de ses loisirs.

Fuyant la servitude,
Il tient, comme autrefois,
A sa vieille habitude,
A ses antiques droits.

Bien qu'on lui cherche noise,
S'il cueille en la saison
La fraise et la framboise,
L'abondant champignon,
Combien il est à l'aise
Au sein de ces forêts,
Soit qu'il plaise ou déplaise
A d'autres intérêts !

Et puis, de la ramille
Il se fait des fagots,
Dont il chauffe en famille
Sa femme et ses marmots.
Aussi, lorsque décembre
Vient glacer le vallon,
Dans sa chétive chambre
Il brave l'aquilon.

L'humble propriétaire
Use aussi de nos bois,
Comme le prolétaire,
Il réclame ses droits.
S'il vient la sécheresse
Et le manque de foin,
Il n'est pas en détresse
Avec un peu de soin.

Dans la forêt voisine,
Reste d'un vrai trésor,
Où son troupeau butine,
Bondit, prend son essor,
La superbe génisse,
Après un rude hiver,
Aime de la faysse
Brouter le bouton vert.

Et la vache laitière,
Que l'étable engourdit,
Redevient vive, altière,
Quand le bois reverdit.
Au bois elle respire,
Sans craindre les autans,
Qui perdent leur empire
Au retour du printemps.

A son lait la verdure
Donne plus de saveur,
Quand renaît la nature,
Que le bois est en fleur.
Vous voyez l'avantage,
Usagers de Wassy,
De vos vieux droits d'usage,
Dont vous avez souci.

Il n'est plus le fidèle,
Qui combattait pour vous,
Bravant la dent cruelle
Et la fureur des loups.
Il est mort à la peine
Des maux qu'il a subis ;
Cherchez donc qui vous mène,
Malheureuses brebis.

TROISIÈME PARTIE.

—

Il arriva au Conseil municipal une demande tendant à concilier les intérêts des usagers et des propriétaires.

Une Commission fut nommée à ce sujet. M. le Maire, après une longue méditation, jugea convenable de m'y adjoindre *cinquième*. Au dire de ce magistrat, *ces Messieurs* m'y virent arriver avec grand déplaisir. On parla beaucoup dans une première réunion. Chacun fit part de sa manière de voir ; mais après de vains projets et des paroles vaines, je déclarai que les usagers voulaient un canton de bois suffisant pour le parcours des bêtes à cornes et pour les pauvres qui ont l'habitude d'aller au bois mort. On n'arrêta rien dans cette première séance, et l'on remit à quinze jours pour avoir le temps de réfléchir et de prendre des renseignements : c'est ce que je fis.

Un collègue, se disant bien informé, m'assura que les administrateurs des bois en question étaient disposés à nous accorder cent hectares en toute propriété. Alors je demandai à quelques usagers les plus influents, si l'on se contenterait de cent hectares à partager entre le Pont-Varin et Wassy ; tous déclarèrent que c'était insuffisant ; qu'ils avaient 1,000 hectares à parcourir ;

que chaque année les bêtes à cornes, depuis 1814, avaient, pour le pâturage, le moins 170 hectares, et quelquefois 149 hectares; que dans ces conditions ils étaient décidés à s'en rapporter à la justice.

Je fis part de ces observations au Conseil municipal : les réflexions ne manquèrent pas. Alors je déclarai que je connaissais les usagers ; que jamais ils ne se dessaisiraient de leurs droits à de telles conditions.

Ce mot *usagers*, synonyme de *peuple* dans l'esprit de quelques - uns, souleva des colères. On m'accusa d'agiter le *peuple*, en lui parlant de choses qu'il ne comprend pas ; ajoutant : « Vous vous croyez seul capable de défendre ses intérêts, tandis qu'on lui est aussi dévoué que vous... » Puis un long bourdonnement se fit entendre à mes oreilles, et ma pauvre tête de près de 77 ans n'en pouvant plus, je m'échappai en toute hâte et me retirai en mon réduit obscur, où depuis je me tiens en repos, afin de jouir à mon aise *des douceurs de la vie privée*.

Ma muse, qui toujours m'accompagne dans mes jours de peine, vint à mon secours, et je lui adressai la pièce suivante qui me rappelle tant de souvenirs.

Semblable à Philomèle indignement traitée,
Je cherche loin du monde et le calme et la paix ;
Comme elle je ne veux de demeure habitée
Que par l'oiseau caché sous un feuillage épais.

Là, sous ton influence, ô ma muse rustique,
Qui pourrait agiter la paix de mes vieux jours?
Sans superbes lambris, sans élégant portique,
Tu bannis mes ennuis par ton constant secours.

Te souvient-il qu'aux temps de ma première enfance,
Lorsque sur ses genoux ma mère me berçait,
Déjà tes doux accents charmaient mon innocence,
Et bien que jeune encor, mon cœur applaudissait.

Plus tard, quand je gardais mes moutons dans la plaine,
A mes côtés assise, à l'ombre de nos bois,
Tu gravais tes chansons sur l'écorce d'un chêne,
Moi je les cadençais à l'aide d'un haut-bois.

Je n'avais nul souci sur les bords de la Blaise,
Dont nous aimions le cours ombragé de buissons ;
Lorsque voulant surtout me sentir plus à l'aise,
J'oubliais dans ses eaux le travail des moissons.

Quand tu voulus fixer dans mon esprit volage
Ce qui forme le goût, éclaire la raison,
Le cœur gros de soupirs je quittai mon village,
Et laissai dans les pleurs ma mère à la maison.

C'est toi qui m'as conduit sur de lointains rivages ;
Et par monts, et par vaux, n'ayant ni feu ni lieu,
Aux brillantes cités, aux lieux les plus sauvages,
Tu m'aidais à compter sur la bonté de Dieu.

Ensemble nous aimions à chanter la patrie,
L'agrément de nos bois, nos coteaux, nos vallons,
Et l'onde qui s'enfuit à travers la prairie,
Et les petits oiseaux qui charment nos sillons.

Et le temps s'écoulait dans la ferme espérance
Que bientôt nous verrions de nouveau le pays,
Que l'ennui prendrait fin sous le beau ciel de France,
En revoyant son sol, nos parents, nos amis.

Je croyais retrouver ma bonne et tendre mère ;....
Mon pauvre père seul pleurait à la maison !
La tristesse et le deuil régnaient à la chaumière,
Devant mes yeux semblait assombri l'horizon !

Seule tu sais combien fut grande ma surprise :
Vainement je cherchai les amis du vieux temps ;
De jeunes baladins riaient de ma méprise :
Qu'ils étaient loin de moi les jours de mon printemps !

Partout c'était, hélas ! une race nouvelle,
Où seulement vivaient quelques vieux d'autrefois,
Que ces mondains semblaient retenir en tutelle.....
Prétendant les régir, leur imposer des lois.

Cependant introduit dans plus d'une assemblée,
Je pris place au milieu de renommés docteurs ;
Mais mon âme timide en fut souvent troublée :
J'ignorais le chemin qui conduit aux grandeurs.

Aussi l'on m'abreuva de fiel et d'amertume,
Quand je voulus tenir la juste égalité
Entre les citoyens, sans compter la fortune ;
Respectant avant tout l'honnête pauvreté.

L'honnête pauvreté ! quels vains mots pour ces hommes,
Qui nomment l'usager paresseux et voleur,
Refusent même un chêne aux gens tels que nous sommes,
Pour rêver à notre aise et braver la chaleur.

O muse, viens encore à la voix qui t'appelle,
Soutiens de ton pouvoir contre tant d'erremens,
Soutiens ton nourrisson et constant et fidèle,
Soutiens ton vieil ami de soixante-seize ans !

Désormais avec moi je veux que tu demeures,
Et tes joyeux accords combleront mes désirs,
Et dans la douce paix nous verrons fuir les heures,
Ayant pour compagnons les innocents plaisirs !

Dans le cours de la vie il survient des temps sombres !
Comme une onde rapide ont coulé mes beaux jours ;
Mais leurs doux souvenirs, semblables à des ombres,
Chère muse, avec toi me reviennent toujours !

QUATRIÈME PARTIE.

—

Ce qui précède est le passé de l'histoire récente de nos
droits d'usage, l'histoire des luttes que nous avons dû
soutenir, et que nous soutenons encore pour la conservation de ces droits. Ce qui suit est le récit de ce que
quelques-uns ont le projet de faire, se basant sur un
prétendu progrès, qui doit nous amener à renoncer de
nous-mêmes à ces droits, dont l'origine est inconnue,
puisqu'elle précède les temps historiques de notre
pays.

Mais avant d'entrer en matière, il est bon de remonter
à l'époque où l'on commence à comprendre plus claire-
ment ce qui a pu donner lieu à ces droits.

Lorsque César fit la conquête des Gaules, il trouva
établi chez nos ancêtres un gouvernement fédératif.
Une foule de petits États indépendants se réunissaient

chaque année, afin d'élire un premier magistrat pour la direction intérieure, et un général pour la conduite des armées.

Il n'y avait alors ni despote absolu, ni prince, ni monarque, et les forêts appartenaient à tous sans distinction. Les Francs, devenus maîtres des Gaules, se partagèrent le sol et en devinrent à peu près les seuls propriétaires ; mais ce peuple guerrier se contentait d'une certaine redevance, et laissait les colons gaulois cultiver la terre, sous le nom de *servus, serviteur, serf, esclave.*

Plus tard, sous les rois fainéants, qui malheureusement furent très-nombreux, les gouverneurs de chaque province, les chefs des moindres villages se rendirent indépendants, et se créèrent des duchés, des baronnies, des comtés, et le moindre hameau eut son petit tyran. Alors les forêts, qui appartenaient à tous, devinrent la propriété de quelques-uns, et on laissa au *pauvre peuple* les droits de chauffage, de panage, de pâturage, de bois mort et de mort bois, quelquefois de bois de construction. Cet ordre de chose dura des siècles.

Il paraît qu'avant 1624 la ville de Wassy eût des démêlés avec les possesseurs des forêts de la Belle-Faysse et du Maupas, puisqu'à cette époque les habitants furent obligés, pour faire respecter leurs droits, de s'adresser au parlement de Paris, qui rendit l'arrêt dont il a été parlé au commencement. Mais dans la suite, c'est-à-dire en 1669, tous les droits furent abrogés, *de par le roi*, excepté le droit de bois mort gisant et celui de pâturage.

DROIT DE PATURAGE EN FORÊT.

—

Pour se débarrasser plus vite de ce droit, on nous dit hardiment que le pâturage en forêt est plus nuisible aux bêtes à cornes qu'utile, sans se donner la peine de s'expliquer sur cette matière si importante. Dans les années de grande abondance de fourrage, les gros propriétaires peuvent aisément se passer de cette précieuse ressource ; mais s'il arrivait une disette, comme ces années dernières, où le foin était très-rare et fort cher, plusieurs propriétaires, pour ne pas dire tous, se trouveraient très-heureux de faire usage de leurs droits. En 1814 et 1815, par suite de l'invasion, les propriétaires de mon village, dès le mois de février, se voyant dans l'impuissance de nourrir à l'étable leurs bêtes à cornes, firent une demande à M. l'Inspecteur des forêts, qui leur permit d'envoyer, au bois Saint-Remy, leurs bêtes jusqu'à l'ouverture de la prairie. Tout jeune encore, je fus chargé d'y conduire celles de mon père. Eh bien, je déclare que jamais nous n'avons eu un plus beau bétail que dans ces deux années de parcours en forêt. Et cependant, à cette époque déjà, l'on faisait des prairies artificielles que quelques-uns prétendent être suffisantes, pour nourrir le bétail sans le secours des bois. On oublie que tous les usagers n'ont pas les ressources nécessaires pour obtenir l'avantage des prairies artificielles, parce que tous n'ont pas suffisamment de terres à cultiver, et que même quelques-uns n'en ont pas du tout. Pour le plus grand nombre il faut donc une prairie naturelle, et cette prairie manque à Wassy, comme on le prouvera quand le moment sera venu.

Admettons, par hypothèse, que la ville de Wassy manque de prairies naturelles, reste à savoir si le pâturage en forêt est utile plutôt que nuisible, et s'il est avantageux en ce cas de faire tous nos efforts pour conserver nos droits et d'invoquer la loi à cet effet. Les propriétaires de bêtes à cornes sont, je crois, très-compétents dans cette affaire, et ils peuvent dire par expérience si ce pâturage leur est utile, et quel avantage ils en retirent. Nous avons aussi le témoignage des anciens experts, qui déclarent que le pâturage en forêt peut être très-utile et très-fructueux pour les bêtes à cornes, dans les quatre mois de mars, avril, mai et juin.

Ce qui m'étonne surtout c'est d'entendre des hommes qui passent pour *compétents*, déclarer que d'après les grandes améliorations que l'on apporte chaque jour à l'agriculture, on doit supprimer le pâturage en forêt, comme une routine surannée. Je prétends au contraire que si l'on veut améliorer de plus en plus cet art si utile à tous, et que l'on appelle avec raison le premier des arts nécessaires à la vie, c'est de multiplier le plus possible ce qui peut produire le plus de nourriture au bétail, et en même temps de lui procurer les moyens de développement qu'exige sa nature. Or, on est d'accord que la vie stationnaire ne convient à aucun être vivant : il faut du mouvement, un air pur et la liberté. Aussi voit-on les troupeaux de toute espèce bondir dans la plaine avec une vigueur, un air de satisfaction, un embonpoint qui annoncent que ces êtres sont dans leur élément. Quand l'hiver force les troupeaux à rester dans l'étable, ils deviennent lourds, engourdis, et la race bovine surtout perd son poil luisant et lisse, pour une sorte de laine pleine de crasse et de vermine. Envoyez (1) vos bêtes en forêt dès que le soleil le permet, au mois de mars, par exemple, et vous verrez en elles un changement notable en peu de temps. Interrogez les propriétaires qui font usage de ces droits, et vous apprendrez d'eux le profit qu'ils en retirent. Ils vous donneront là-dessus de meilleures leçons que les agriculteurs de cabinet.

Ils prouveront, ces agriculteurs pratiques, que le territoire de Wassy ne présente que peu ou point de prairies naturelles, que les parcelles de pré semées çà et là, sur les bords de la Blaise, sont fermées par des terres en culture, des enclos et des saussaies, qui se multiplient chaque jour ; que le troupeau communal ne peut aller librement en pâture qu'après les moissons, c'est-à-dire, à partir du mois de septembre, et que dès le mois de novembre il doit s'en abstenir, à cause des mauvais temps qui surviennent. Voilà donc pour le troupeau communal deux mois de libre parcours seulement dans toute l'année, dans ce que vous appelez la prairie naturelle !

Quand même les temps où nous sommes seraient pour l'agriculture l'âge d'or des anciens, pouvez-vous

---

(1) Voyez pages 6 et 12.

répondre de l'avenir ? Vous qui vantez les progrès de l'agriculture, pourquoi les laboureurs font-ils tous leurs efforts pour en détourner leurs enfants ? Est-ce que le prix de la consommation n'est pas le triple d'autrefois ? Est-ce que le cultivateur trouve du monde pour l'aider dans ses travaux ? Ne retranchez donc pas ce qui peut enrichir le pâturage ; ce qui économise le travail, en plaçant sous la garde d'un seul homme les bêtes à cornes qui, en allant en forêt, ménagent le fourrage, et débarrassent le propriétaire de l'embarras de ses bêtes.

LE DROIT DE BOIS MORT.

J'ai parcouru les bois sur lesquels repose le droit de bois mort gisant, interrogé les hommes compétents en cette matière, c'est-à-dire les forestiers, les marchands de bois, qui exploitent ordinairement les coupes de la Belle-Faysse et du Maupas, les bûcherons, qui travaillent dans les ventes en exploitation, les pauvres femmes qui vont ramasser le bois mort, leur unique ressource contre les rigueurs de l'hiver, et même dans les temps ordinaires de l'année, lorsque, obligées de préparer le repas de la famille, elles n'ont ni bois, ni charbon, ni argent pour s'en procurer, tous prétendent que le bois mort, dédaigné de ceux qui peuvent se procurer leur

chauffage annuel, soit avec de l'argent, soit d'une toute
autre manière, offre un avantage incalculable aux pauvres qui le recueillent avec soin, soit en le mettant en
fagot, soit en le plaçant dans leur hotte pour le rapporter au logis.

Il m'est arrivé souvent de rencontrer de pauvres
femmes revenant du bois avec des brins de peu d'appa-
rence, d'autres fois je me suis assis à leur foyer, ayant
toujours soin de leur demander si ces brins, souvent
vermoulus, leur étaient d'un grand avantage, toutes
m'ont toujours répondu affirmativement ; et si je leur
objectais que ce bois mort me semblait peu de chose :
« tout peu de chose qu'il vous paraît, il ne s'agit que
« d'en avoir. Beaucoup d'entre nous en vont chercher
« pour leur usage et aussi pour avoir du pain ; l'hiver
« pour nous est toujours rude, et nous avons tant de
« peine à vivre. » Telle était leur réponse.

Est-ce là l'œuvre d'un délinquant ? Barbares sans
entrailles, qui prétendez que l'on doit faire perdre aux
pauvres l'habitude d'aller au bois, sous prétexte que
les bras manquent ! Quels services peuvent donc vous
rendre ces pauvres, usés par le travail, ces femmes
obligées de soigner leur ménage, leur mari, leurs enfants, qui n'ont que quelques instants de liberté, pour
procurer chaque jour le bois nécessaire à leurs besoins
de chaque jour ? (Voyez pages 5 et 10.)

D'autres prétendent que les bois en question étant
dégrevés du droit de bois mort, les pauvres auraient
toujours la permission d'y aller. Pourquoi alors les
dégrever, si l'on doit toujours en jouir ?

On nous dit encore qu'un petit coin de bois bien venant, bien aménagé serait plus utile à la ville que le droit de parcourir 1000 hectares pour le bois mort et 170 à 200 hectares chaque année pour le pâturage. Que feraient les usagers de ce petit coin de bois, quand même il consisterait en 50 à 60 hectares, comme le bruit en court? Cela me rappelle l'histoire des Cinq-Ventes et du Bois-Saint-Remy : *affaire d'or*, sans un obstacle imprévu : Et le chemin de fer du Pont-Varin, qui devait produire à la Ville 6,000 francs par an, et qui ne produit rien ; et le pont du Requiesson, qui devait être gratuit, et qui nous coûte près de mille francs ; et tant d'autres détails, qu'il serait trop long d'énumérer ici.

En lisant avec attention tout ce qui précède, il sera facile au peuple de comprendre ce qu'il ne comprenait pas, lorsque, dit-on, je l'agitais, en lui parlant de choses hors de sa portée. Quand aura lieu la conciliation tant désirée, ce sera à lui de juger, avec connaissance de cause, si un petit coin de bois bien venant, bien aménagé, où l'on pourra, d'ici à 15 ans, mettre la cognée, au profit de la Caisse municipale, lui sera plus profitable qu'un bois de peu de valeur, pendant quelques années, mais d'une étendue considérable, où le troupeau communal pourra circuler librement, et les usagers y ramasser le bois mort, y recueillir les fraises, les framboises, les champignons, s'y promener à leur aise, aux jours de leurs loisirs, et même par les mauvais temps, lorsque la neige est sur les toits ; l'ouvrier, accablé de fatigue, pourra encore y chercher l'oubli de ces durs instants d'un travail pénible, durant lequel il supporte le poids du jour et de la chaleur. Tous ces avantages, tristes lambeaux des avantages d'autrefois, seront pour tous un faible dédommagement de la perte incalculable que nous cause la ruine de ces magnifiques forêts.

Wassy. — Typ. J. Guillemin.

9 782019 955298